PINCHAS LAPIDE
HEINRICH HEINE UND MARTIN BUBER –
STREITBARE GOTT-SUCHER DES
JUDENTUMS

Wolfgang Brauer
Januar 1996

WIENER VORLESUNGEN IM RATHAUS

Band 12
Herausgegeben von der Kulturabteilung der Stadt Wien
Redaktion Hubert Christian Ehalt

Vortrag im Wiener Rathaus
am 12. Dezember 1990

PINCHAS LAPIDE

HEINRICH HEINE UND MARTIN BUBER – STREITBARE GOTT-SUCHER DES JUDENTUMS

PICUS VERLAG WIEN

Graphische Gestaltung: Dorothea Löcker, Wien
Satz: Tau Type, Bad Sauerbrunn
Druck und Verarbeitung: Druckhaus Nonntal, Salzburg
Printed in Austria
ISBN 3-85452-311-4

Die im Frühjahr 1987 gegründeten Wiener Vorlesungen haben sich zu einem internationalen Forum für bedeutende Persönlichkeiten aus den Bereichen Wissenschaft, Kunst und Politik entwickelt. Die Vorlesungen haben das Wiener Rathaus für eine engagierte Diskussion über die Alltagsfragen der kommunalpolitischen Willensbildung hinaus geöffnet.

Es ist meine Auffassung, daß Wissenschaft und ihre Vermittlung an eine größere Öffentlichkeit eine untrennbare Einheit bilden sollten. Bei den Wiener Vorlesungen ist dies immer wieder ausgezeichnet gelungen.

Das Reizvolle an den Vorlesungen, die mittlerweile zu einem intellektuellen Jour fixe im Rathaus geworden sind, besteht für mich vor allem darin, visionäre Persönlichkeiten zu gewinnen, die über die manchmal sehr engen Grenzen der einzelnen Disziplinen hinauszusehen vermögen. Es ist immer wieder gelungen, »Querdenker« im Rathaus zu Wort kommen zu lassen, die Anstöße dazu geben, vertraute Probleme in einem neuen Licht zu sehen, Anstöße, damit – was in vielen Bereichen sehr notwendig ist – das Denken die Richtung wechseln kann. Denn die kritische Analyse der Verhältnisse in emanzipatorischer und aufklärerischer Absicht ist für mich immer eine wichtige Aufgabe der Wissenschaft gewesen. In diesem Sinne freue ich mich über die Publikation der Wiener Vorlesungen, die die Impulse der Vorträge und Diskussionen in eine größere Öffentlichkeit trägt und dem gesprochenen Wort die Dauer der geschriebenen Worte verleiht.

URSULA PASTERK
STADTRÄTIN FÜR KULTUR

25 Jahre sind seit Martin Bubers Tod verstrichen. Keiner seiner philosophischen Grundsätze ist mit Grünspan überlagert; keiner seiner Denk-Pfeiler hat Rost angesetzt.

Als Jude von den Nazis vertrieben, hat er dennoch innerhalb seiner Glaubensgemeinschaft häufig Widerspruch provoziert. Seine Gedanken eilten seiner Zeit voraus – und, ähnlich den Propheten im alten Israel, war er oft verkannt oder ignoriert.

Heute häufen sich Buber-Institute, Buber-Stiftungen und Buber-Lehrstühle in vielen Ländern. Dabei werden leider noch immer ganz wesentliche Bereiche seines Schaffens verdrängt oder unter den politischen Teppich gekehrt, weil sie sich keiner Regel beugen und gegen alle Stachel löcken.

Heinrich Heine und Martin Buber – mit all der Fülle von Kontrast-Harmonien, die diese zwei Männer trennt und verbindet, kann man sie beide als »Grenzgänger« bezeichnen?

Auf Anhieb klingt das doch wie ein künstliches Junktim der Dissonanz!

Doch sobald wir tiefer schürfen, sticht eine große Affinität ins Auge: Wenn Heine zeitlebens ein Grenzgänger nach außen war, der den Bereich seines gebürtigen Judentums zeitweilig verlassen hatte, war Buber ein oft unverstandener Grenzgänger von innen, der keiner der Parteiungen im Judentum angehörte.

Als rituell abstinent bezeichnete er sich selbst – er, der seit dem 13. Lebensjahr keine Synagoge mehr betreten hatte. Und dennoch wurde er zum Vordenker und zum Botschafter für den Geist des Judentums, vor allem im deutschen Sprachraum, der aber darüber hinaus auf die christliche Theologie des gesamten Abendlandes einen prägenden Einfluß ausgeübt hat.

Sein Lebenswerk, das mit Recht als »Hebräischer Humanismus« bezeichnet wurde, ist in mehrere Kreise einzuteilen:

1. Die Erschließung des Chassidismus, der dank ihm als ein Paradigma der Religionsgeschichte bekannt geworden ist.

2. Die Philosophie der Dialogik, die zum Leitwort des »neuen Denkens« geworden ist.

3. Die übersetzerische und exegetische Arbeit an der Bibel.

4. Das Engagement im politischen Bereich des sozialistischen Zionismus, in dessen Mittel-

punkt die konstruktive Koexistenz von Juden und Arabern stand.

5. Seine bahnbrechenden pädagogischen Bemühungen als Erwachsenenbildner im Zeichen des Aufbaus im Niedergang – wie er seine Tätigkeit für die verfolgten Juden in Nazi-Deutschland nannte.

6. Sein dichterisches Oeuvre, das sich von der Kultur Chinas bis zur finnischen und keltischen Poesie erstreckte.

7. Seine theologischen Forschungen umfassen nicht nur beide Testamente der Bibel, sondern auch die apokalyptische und mystische Literatur aller Großreligionen.

8. Seine Versöhnungsbereitschaft mit Deutschland, die er, trotz großen Widerstands in Israel, bereits 1953 zum Ausdruck brachte. Als ihm in Frankfurt der Friedenspreis des Deutschen Buchhandels verliehen wurde, sagte er:

»Mein der Schwäche des Menschen kundiges Herz weigert sich, meinen Nächsten deswegen zu verdammen, weil er es nicht über sich vermocht hat, Märtyrer zu werden.«

Doch wer kann einem Polyhistor gerecht werden, dessen vielseitiges Lebenswerk überall Durchbrüche erwirkt und wissenschaftliche Spuren hinterlassen hat?

Er pflegte zu betonen:

»Ich habe keine Lehre; ich zeige nur etwas an der Wirklichkeit, was nicht, oder zu wenig gesehen worden ist. Ich habe keine Lehre, aber ich führe ein Gespräch.«

Dieses dialogische Prinzip, das er in seinem Werk vom »Ich und Du« zur Weltanschauung erhoben hat, verbindet alle Gebiete seines Schaffens – und läuft wie ein roter Faden durch sein umfangreiches Schrifttum.

Seine Botschaft war und ist der Hinweis auf die Ewigkeit der Bibelwahrheit; und daß alles wahre Leben immer Begegnung ist; daß nur im echten Miteinander der Mitmensch sich erschließt, und daß im demütigen, aber furchtlosen Du-Sagen zum Vater im Himmel die Gottes-Beziehung zur persönlich erlebten Wirklichkeit werden kann.

So wurde Buber auch zum Paten des christlich-jüdischen Glaubens-Gesprächs, das sich heute in seinem Geiste endlich anzubahnen beginnt.

Uns allen, Juden, Christen, Moslems und den anderen auch hat er ins Stammbuch geschrieben:

»Gott ist das beladenste aller Menschenworte. Keines ist so arg besudelt, so sehr zerfetzt worden. Die Religionsparteiungen haben das Wort zerrissen. Sie haben dafür getötet und sind dafür gestorben. Es trägt ihrer aller Fingerspur und ihrer aller Blut. Wir können das Wort Gott nicht reinwaschen noch ganzmachen. Aber wir können es – befleckt und zerfetzt wie es ist, vom Boden erheben und aufrichten, über einer Stunde großer Sorge.«

Gerade in unseren Tagen der Spannungen im Nahen Osten besteht wieder einmal Grund, an Bubers Mahnung zu erinnern:

Nicht ein Land ohne Volk ist Eretz-Israel – wie einst Theodor Herzl in Wien geschrieben hat, sondern die Heimat zweier Völker und das Feld, auf dem zwei Gerechtigkeiten aufeinander prallen, wie er es ausgedrückt hat.

In diesem Sinne gründete er schon vor 50 Jahren die ICHUD-Bewegung, deren Zielsetzung ein binationaler Staat von Juden und Arabern war. Leider blieb er ein Rufer in der Wüste, doch hallen seine Ideen der Versöhnlichkeit in der heutigen israelischen Friedensbewegung wider.

Auf all seinen Gratwanderungen ist Buber allemal ein zentraler Jude geblieben, der um und für seinen Glauben zu ringen wußte – mit Gott und mit den Menschen.

*

Vom selben Holz geschnitzt war auch unser Bruder Heinrich Heine, der um und wegen seines Judeseins schwer zu leiden hatte.

So stark sein Geist auch war, so schwach war häufig sein Fleisch.

Hüten wir uns aber, den ersten Stein zu werfen, denn der wahrhaft Schuldige an seiner angeblichen Treulosigkeit zum Judentum waren die damalige hypokritsche Gesellschaft und ihre kirchlichen Zwänge.

In der Tat, auch hier hatte Buber recht: Wie viele von uns bringen schon die Kraft zum Märtyrertum auf?!

Eine lange Nacht hindurch rang Jakob einst mit dem Engel Des Herrn – bis er ihm beim

Morgengrauen seinen Segen abringen konnte. Heinrich Heine, ein später Nachfahre des Stammvaters, rang mit Gott und seinen Engeln ein ganzes Leben lang.

Wie Jakob wurde auch er dabei angeschlagen, aber nicht geschlagen – doch der Segen blieb ihm versagt.

Oder hat er ihn zu guter Letzt doch noch erlangt?

Wie dem auch sei, der Kaufmannssohn aus der Düsseldorfer Bolkerstraße lebte eine Zeitlang in Frieden mit Gott; eine längere Zeit dauerte seine lautstarke Rebellion gegen Gott und die Welt; des öfteren haderte er mit Gott wie einst Abraham um Sodom und Gomorrha – aber ohne Gott lebte er fast nie.

Er liebäugelte zwar eine Weile mit Spinoza und dem Pan-Theismus, dann mit dem Linksradikalismus und dem Salon-Kommunismus, und während seiner Sturm-und-Drang-Epoche hat er auch »bei den Hegelianern die Schweine gehütet«, wie es in der Rückschau des älteren Heine heißt, was sowohl seine Entwertung Hegels als auch seine Heimkehr als verlorener Sohn zum Glauben seiner Väter zum Ausdruck bringen soll. Daß es während seiner geistigen Odyssee auch zu atheistischen Wallungen kommen mußte, war bei seinem vulkanischen Temperament so gut wie unvermeidlich.

Als Freund von Marx und Engels gefiel er sich eine Zeitlang in der Rolle des »Apostels der neuen Religion«, wie er die alt-neue Lehre nannte, die »das Sterben Gottes«, die Emanzipation des Fleisches und die Ver-Gottung des Menschen als angeblich befreiende Frohbotschaft ausposaunte. Wie un-neu all dies war, fand der reifere Heine in Psalm 14 und Psalm 53, die er in redlicher Selbstkritik auf sich selbst bezog:

»Der Narr spricht in seinem Herzen: Es ist kein Gott … da ist keiner, der Gutes tut … Sie essen das Brot Des Herrn, aber rufen Seinen Namen nicht an.«

Doch die ausschweifenden Festgelage des Dionysos, denen der in Hellas verliebte Jüngling ein paar Jahre lang frönte, waren, zutiefst gesehen, Teil einer leidenschaftlichen, wenn auch wirren Gottes-Suche. Die übermütige Lyrik jener Tage tut er später, nach seinem »Widerruf«, mit einem kurzen Refrain ab:

»Gebeugten Hauptes sink ich nieder,
oh Herr, vergib mir meine Lieder!«

Doch auch im Überschwang seiner »Griechen- Jahre« war sein A-Theismus niemals eine nüchterne Leugnung Gottes, sondern ein gut jüdisches Phänomen, das man nur mit heißblütigem Anti-Theismus bezeichnen kann: Ein heiliger Zorn auf jenen unglaubwürdigen Zwerg-Gott, Den gewisse Theologen ihm des öfteren aufgeschwatzt hatten – ein Buchhalter-Gott, Der sorgfältig gute und böse Taten aufrechnet; ein Himmelstyrann, Der Seine irdischen Untertanen polizeilich reglementiert; und ein Schlachten-Gott, Der in ehrwürdigen Kathedralen die Waffen segnen läßt.

Im Vorwort zum »Atta Troll« erläutert er diesen Pseudo-A-Theismus als gläubigen Bildersturm:

»Wir spotten nur über das Zerrbild«, so schreit er auf, »nicht über Gott!«

Was im Grunde den »Vogelscheuchen im Gurkenfeld« entspricht, mit denen Jeremia (10, 5) die Ab-Götter der Heiden anzuprangern pflegte.

Aus Glaubensgründen, nicht aus Aufmüpfigkeit blieb Heine auch zeitlebens ein harter Gegner der Religionen – wie Karl Barth es war – da ihm, als Jude, auch nach seiner Taufe, die Verdinglichungen und Verbilderungen Gottes ein Greuel blieben. »Götzenbilder«, wie er sagte, »beweihräuchert mit allzu viel frömmelnder Salbaderei«, durch deren Dunst nur hie und da ein Funken echter Frömmigkeit durchzubrechen vermochte.

»Religion und Heuchelei sind Zwillingsschwestern«, so schreibt er in seinem Essay »Zur Geschichte der Religion«, »und beide sehen sich so ähnlich, daß sie zuweilen nicht voneinander zu unterscheiden sind.«

In seiner harten Kritik an den Kirchen und in der Unmittelbarkeit seiner Gottesbeziehung erinnert er häufig an Martin Buber, der nicht müde wurde, zu betonen: »Ich meine Gott – nicht die Religionen!«

Nur um (mit seinem Freund Leonhard Ragaz) hinzuzufügen, daß das Reich Gottes eher »das Gegenteil von Religion sei«, ja, daß Religion die Neigung habe, »sich an die Stelle Gottes zu setzen« und »Gott-los zu sein.« (Nachlese, 102 und 124 ff.)

Fest steht in der heutigen Rückschau, daß Heine sowohl in seiner unentwegten Jagd nach dem Geheimnis Gottes, als auch in seiner oft mit Spott und Ironie verbrämten Auflehnung gegen das etablierte Kultwesen den Propheten Israels sehr nahe stand.

»Was soll Mir die Menge eurer Opfer, spricht Der Herr, ... Ich habe keinen Gefallen am Blut eurer Stiere, Lämmer und Böcke!« So donnerte einst Jesaia (1, 11ff.)

Denselben Priestern im Tempel zu Jerusalem verkündet auch Jeremia seine antiklerikale Drohbotschaft:

»So spricht Der Herr: Wenn ihr auf Mich nicht hören werdet, und nicht nach Meinen Geboten lebet ... so will Ich dieses Haus zerstören und diese Stadt zum Fluchwort machen für alle Völker auf Erden.« (Jer. 26, 4-6)

Ähnliches bewegt wohl auch Heine, als er im Nachwort zum »Romancero« Wert darauf legt, zu betonen, daß seine religiösen Überzeugungen »von jeder Kirchlichkeit« freigeblieben seien: »Kein Glockenschlag hat mich verlockt«, so beteuert er, »keine Altarkerze hat mich geblendet«, – worauf der Grenzgänger zwischen Kirche und Synagoge seinen Antikonfessionalismus mit Nachdruck hervorhebt.

Ein Meister der Dialektik, hatte er einen geradezu wollüstigen Genuß daran, allen die Wahrheit zu sagen, wie er sie sah: den Juden und den Antisemiten; den Deutschen und den Franzosen; den Adeligen und den Bürgern, aber vor allem: den Katholiken und den Protestanten. So konnte er den katholischen »Pfaffen« sowohl »Scheinheiligkeit und Heuchelei« als auch »gleißende Frömmelei« vorwerfen, und den Katholizismus eine Religion nennen, »die die Menschheit mit ihrer Leibfeindlichkeit angekränkelt hat«.

In diesem Sinne beeindruckt ihn die Messe als »wenn Der Liebe Gott eben gestorben wäre, und es riecht dabei nach Weihrauch wie bei einem Leichenbegängnis«.

Und dennoch konnte er ergreifende Beschreibungen über die Marienprozessionen im katholischen Düsseldorf dichten; mystische Betrachtungen über Heiligenfeste in Italien anstellen, und während seiner »Anfälle von Wunderglauben«, wie er sie sachlich diagnostizierte, konnte er beschwingend-gläubige Verse schmieden, die wie der Erguß profunder Volksfrömmigkeit klingen – wie etwa seine »Wallfahrt nach Kevelaer«, die nicht von ungefähr bis heute zu den erbaulichen Texten der Katholikentage gehören.

Auch die Kirchen der Reformation kommen bei Heine nicht besser weg.

»Die protestantische Religion ist mir zu vernünftig«, läßt er seinen Herrn Hyazinth sagen, »gäbe es in ihrer Kirche keine Orgel, so wäre sie gar keine Religion. Sie schadet nichts und ist so rein wie Wasser, aber sie hilft auch nichts.«

Was Heine besonders anwidert, sind die Streitigkeiten der Pietisten und der Orthodoxen, die er als »Mystiker ohne Phantasie und Dogmatiker ohne Geist« bezeichnet.

Die »feigsten Mönch-Stücke, die kleinlichsten Klosterränke sind noch immer noble Gutmütigkeiten im Vergleich mit den Gehässigkeiten der Protestanten, die jetzt sogar bei der Philosophie noch Beistand suchen«, – ein Tatbestand, der für Heine ihren unabwendbaren Untergang vorausahnen läßt.

Und dennoch – oder gerade deshalb – war Heine ein glühender Verehrer Martin Luthers, dessen Bibelübersetzung er sich stets bediente, insbesondere um Kirchen und Synagoge anzugreifen.

»Luther gab uns nicht bloß die Freiheit der Bewegung«, so schreibt er, »sondern auch das Mittel der Bewegung: Dem Geist gab er den Leib; dem Gedanken gab er auch das Wort. Er schuf die deutsche Sprache.«

Heine war zwar nicht blind für »die plebeische Rohheit« in Luthers Streitschriften, die er als »ebenso widerwärtig wie grandios« empfand – aber was war das schon im Vergleich zur Denkfreiheit und zur Vernunftherrschaft, die er, laut Heine »den Deutschen geschenkt hatte!«

Kurzum: Der Glaube als solcher galt ihm als edel, hehr und erhaben; die Religionsstifter als Leuchten der Menschheit, aber die in ihrem Namen gegründeten Institutionen fand er stets als »herzlich schlecht«.

Daß er dabei seinen Tadel ganz unparteiisch auszuteilen gewillt war, mußte dazu führen, daß er sich zwischen alle Stühle setzte – aber war das nicht schon immer der Stammplatz aller Propheten? Mit Witz und Esprit, mit Charme und Eleganz, aber gelegentlich auch mit Frivolität betrieb er seine Berufung als ewiger Ruhestörer. So zum Beispiel gießt er in seiner Ballade über die Disputation in Toledo Eimer voll Spott und Sarkasmus über den Glaubenskampf zwischen Rabbi Juda, den Navarrer und Frater José den Franziskaner – nur um der spanischen Königin sein eigenes Schlußwort in den Mund zu legen:

»Welcher Recht hat, weiß ich nicht –
doch es will mich schier bedünken,
daß der Rabbi und der Mönch,
daß sie alle beide stinken.«

Wobei er immer wieder mit Nachdruck betont: »Ich hasse nicht den Altar, sondern ich hasse die Schlangen, die unter dem Geröll der Altäre lauern; die arg-klugen Schlangen, die unschuldig wie Blumen zu lächeln wissen, während sie heimlich ihr Gift spritzen … und Verleumdung zischen in das Ohr des frommen Beters.«

Das hätte auch ein Jeremia oder ein Schüler des Jesaia sagen können – bis hinein in die blumige Bildersprache der eifernden Scheltreden.

Das gilt mit gleicher Vehemenz auch für sein gebürtiges Judentum, das er »ein tausendjähriges Familienübel« und eine »aus dem Niltal mitgeschleppte Plage» nennt.

»Bleiben Sie mir weg mit der altjüdischen Religion; die wünsche ich nicht meinem ärgsten Feind!« So läßt er seinen Hyazinth aufseufzen: »Man hat nichts als Schimpf und Schande davon. Es ist gar keine Religion, sondern ein Unglück.«

Doch solche Ausbrüche können keinen Kenner der jüdischen Selbstkritik irreführen. Nicht Abscheu noch Gehässigkeit gegenüber den eigenen Wurzeln kommt hier zum Ausdruck, sondern verletzte Liebe und enttäuschte Hoffnung, wie sie auch die Propheten beseelt, wenn sie Jerusalem »eine Hure« nennen; die Priester als »Abtrünnige« und ganz Israel als »verstockt« brandmarken.

So kann derselbe Heine Moses als den größten Künstler bewundern, der zwar keinerlei Pyramiden aus Granit formte, wohl aber »Menschen-Obelisken« meißelte, indem er einen armen Hirtenstamm nahm, und daraus ein Volk schuf, »ein großes, ewiges, heiliges Volk, ein

Volk Gottes, das … der ganzen Menschheit als Prototyp dienen konnte – er schuf Israel.«

Und so kommt Heine zu dem Schluß, »daß die Griechen nur schöne Jünglinge waren, die Juden aber immer Männer; gewaltige, unbeugsame Männer … bis auf den heutigen Tag, trotz 18 Jahrhunderten der Verfolgung und des Elends.«

Und so bekennt er sich stolz zu »seinen Ahnen, die dem edlen Hause Israel angehörten und Abkömmlinge jener Märtyrer waren, die der Welt einen Gott und eine Moral gegeben, und auf allen Schlachtfeldern des Gedankens gekämpft und gelitten haben.«

Kurzum: Wer über Heine spricht, kann von seinem »unabwaschbaren« Judesein nicht absehen, wie vielfältig und widersprüchlich es sich auch bei ihm zu manifestieren pflegte.

Mit Börne konnte auch er sagen:

»Die einen werfen mir vor, daß ich Jude sei; die anderen verzeihen mir es; der dritte lobt mich gar dafür, aber alle denken daran. Sie sind wie gebannt im magischen Judenkreise, es kann keiner hinaus.«

Jüdisches Geschick und jüdische Sehnsucht

hatten sich tief in seinen Werken eingemeißelt, auch dort wo er nicht von Juden spricht.

Als geschlagener Jude war es das Prophetenblut in seinen Adern, das ihn anspornte, für alle Entrechteten aufzuschreien.

In seinem kämpferischen Gedicht »Die schlesischen Weber« stellt er sich auf die Seite der Revoltierenden des Jahres 1844; er empört sich gegen die Mißhandlung der Neger in den USA, und seine spitze Feder streitet unentwegt für das Volk, »den großen Lümmel.«

Was ihn aber noch mehr schmerzte als das Scheitern aller Versuche, seine zwiefache Herkunft als Deutscher und als Jude in Einklang zu bringen, war die Unfreiheit seiner deutschen Mitbürger.

»Ich bin nur krank an meinem Vaterlande; es werde frei, und ich gesunde« – das hätte auch ein Provokateur der Liebe wie der Prophet Amos verkünden können, der, wie Heine, die gesellschaftlichen Mißstände seiner Zeit der schonungslosen Kritik unterwarf:

»Höret das Wort, Ihr Vollgefressenen, die Hilflose unterdrücken, Bedürftige schinden und sagen: Schafft her, daß wir saufen! ... Ja, gebt acht! Tage kommen über Euch, da schleppt man Euch fort mit Nasenseilen, und Euer Hinterteil mit Fischerhaken!« (Amos 4, 1-3)

Dieser drastische Protest in derber Bauernsprache, den Amos gegen die genußsüchtige Elite seiner Residenzstadt richtet, entstammt demselben empörten Gerechtigkeitsempfinden, das den jungen Heine bewegt, wenn er seinen Titelhelden »William Ratcliff« von jenen reden läßt: »die selber im Überfluß schwelgen«:

»Und stolz herabsehen auf den Hungerleider
der mit dem letzten Hemde unterm Arm
langsam und seufzend nach dem Leihhaus wandelt.
Oh seht mir doch die klugen, satten Leute an,
wie sie mit einem Walle von Gesetzen
sich wohl verwahren gegen allen Andrang
der schreiend überläst'gen Hungerleider!«

Amos und Heine wollen beide mit dem Rüstzeug der Propheten eine fettleibige Abgestumpftheit durchstoßen und die überhebliche Rücksichtslosigkeit jener reichen Prasser anprangern, gegen die auch Rabbi Jesus seine »Weherufe« schleudert, um im Namen der

Nächstenliebe als Anwalt der Armen gegen den Mißbrauch der Macht aufzutreten.

Und wenn der leidgeprüfte Heine dann klagt, er habe »manchmal nicht übel Lust, das ganze Sprechamt aufzugeben«, aber sich dann doch wie Jeremia als »Diener des Wortes« versteht, den »ein inneres Feuer schier verzehrt, so daß er 's nicht ertragen konnte, er wäre schier vergangen«, (Jer. 20, 9) so folgt Heine in den Fußstapfen Moses, der zwar beteuerte, er habe eine »zu schwere Zunge« zum Künden – aber dann dennoch sein Volk aus der Sklaverei herausführt. Er folgt dem Propheten Elia, der in die Wüste geflohen war, um der Stimme zu entfliehen – aber dann dennoch das Künderamt auf sich nimmt; und dem armen Jonah, der dem Geheiß von Oben durch Flucht zu entgehen versucht, aber von Gott mühelos eingeholt wird.

Er war, ohne es zu wissen, auch ein wehmütiger Prophet.

Am klarsten wurde mir diese Gabe in seinem Gedicht aus der Nachlese von 1824, in dem er das gesamte Judentum zu »EDOM« sprechen läßt, dem alten rabbinischen Beinamen für die Kirche des Triumphalismus:

«An Edom:

Ein Jahrtausend schon und länger
dulden wir uns brüderlich.
Du, du duldest daß ich atme:
daß Du rasest, dulde ich.
Manchmal nur, in dunklen Zeiten
ward mir wunderlich zu Mut,
und die liebe-frommen Tätzchen
färbtest Du mit meinem Blut.
Jetzt wird unsere Freundschaft fester,
und noch täglich nimmt sie zu;
denn ich selbst begann zu rasen
und ich werde fast wie Du.«

Das klingt, als wäre es ein Vorläufer von der späteren Aussage Martin Bubers, der öffentlich davor warnte, das politische Israel überzubetonen – auf Kosten der zionistischen Vision der biblischen Propheten.

In der Tat, ein Honiglecken war das Prophetentum wohl nie, denn einer, der da mahnt und rügt, der schilt und droht, wird heute, genau wie anno dazumal, für seine Mühe geschlagen, verleumdet, abgewählt oder vertrieben.

Und wenn Elia fliehen mußte, um das nackte

Leben zu retten; wenn Micha im Gefängnis landete, und Jeremia halb zu Tode geprügelt wurde, so erging es Heine wie seinem Amtskollegen Amos:

»Seher, auf, flüchte ins Land Judah! Dort magst Du Dein Leben fristen … In Beth-El aber darfst Du nicht mehr als Prophet sprechen!« (Amos 7, 12-13)

Also: Redeverbot und Landesverweis – getarnt als menschliches Entgegenkommen.

Wie allen Kündern im alten Israel war Heine die Botschaft wichtiger als sein Botenschicksal. Er sicherte sich nie ab; Vorsichtsmaßnahmen waren mit seiner Militanz nur schlecht vereinbar. Ein Virtuose der Polemik, wollte er von Takt und Taktik genau so wenig wissen wie Jesaia.

Franzosenfreund! Vaterlandsverräter! Jude! Lügner! Charakterloser! Verführer der Jugend und Gott-loser Materialist! – wie sehr Heine unter all diesen gehässigen Vorwürfen gelitten hat, können wir nur ahnen.

Unverkennbar ist in seinem Werk die Absicht, mit Spott und Ironie, mit Zorn, des öfteren sogar mit Hochmut jene Gefühle zu kaschieren, die sein Herz bestürmten: Die Enttäuschung des Abgewiesenen, die Pein des Verstoßenen und die Qualen verschmähter Liebe. Und da er mit offenem Visier zu kämpfen liebte, ging er den schweren Prophetenweg ins Exil – um nie in Deckung gehen zu müssen.

»Wer das Exil nicht kennt«, schrieb der nach Paris verjagte Heine, »begreift nicht, wie grell es unsere Schmerzen färbt, und wie es Nacht und Gift in unsere Gedanken gießt. Dante schrieb seine ›Hölle‹ im Exil.«

Und dennoch heißt es:

»Baut Häuser in der Stadt Eurer Verbannung, darin Ihr wohnen mögt, pflanzt Gärten ... Sucht der Stadt Bestes, in die Ich euch habe wegführen lassen!«

Diesen Rat Jeremias (29,5ff.) an seine Landsleute in Babylon befolgte auch Heine, der im Exil Leid und Not, aber auch seine größte Schaffensfreude und, zu guter Letzt auch seine »Bekehrung« erleben konnte.

Auch der letzte Tropfen Wermut im Leidenskelch des Künderamtes blieb ihm nicht erspart.

»Ein Prophet gilt nirgends weniger als in seinem Vaterland« (Mt. 13, 57). Diese Binsenwahrheit, die Elia in Samaria, Jeremia in Jerusalem und Jesus in Nazareth am eigenen Leib erfahren mußten, wurde auch Heine zuteil. Nichts Deutsches war dem Juden Heine fremd, der »das deutsche Wort« als »unser heiligstes Gut« bezeichnete, denn es sei »ein Vaterland selbst demjenigen, dem Torheit und Arglist ein Vaterland verweigern.«

Deutschland jedoch, mit seiner Haßliebe zu seinen jüdischen Stiefkindern, nötigte ihn, über die Grenzen seiner Heimat hinaus zu wachsen – und so gelang ihm, was einem Kleist und einem Uhland versagt geblieben war: Er wurde ein europäischer Schriftsteller von Weltrang.

Auch »Klein-Paris«, wie Napoleon anno 1811 Düsseldorf genannt hatte, hinkt in der posthumen Anerkennung des »größten Sohnes« dieser Stadt hinter Paris einher. Lange wollte man gar nichts von ihm wissen. Dann versuchte man die Wiedergutmachung fast schlagartig, indem ein sonderbares Denkmal gebaut, ein Heine-Preis ausgeschrieben und ein Heine-Archiv errichtet wurden.

Als aber der naheliegende Gedanke aufkam,

die neu-gegründete Universität nach Heine zu benennen, da dauerte die mäandernde Debatte um die Namensgebung 17 lange Jahre – nur um im Februar 1982 in einer amtlichen Ablehnung auszumünden.

In den Worten von Rainer Wolf:

»Der Universitätskonvent
zu Düsseldorf am Rheine
beschloß, daß, wenn er sich benennt,
auf keinen Fall nach Heine,
weil Heine a) als Demokrat
und b) als Sozialist
den Spießern auf die Zehen trat,
was typisch jüdisch ist.«

Manche frohlockten, denn sie sahen in der Weigerung ein Zeichen der ungebrochenen Wirkung Heines. Man fürchte ihn eben noch immer. Tatsächlich hatte er vorausgesagt: »Wenn ich sterbe wird die Zunge ausgeschnitten meiner Leiche – denn sie fürchten: redend käme ich wieder aus dem Schattenreiche.«

Kurzum: Obwohl Heines Weltruhm von Island bis nach Japan unumstritten bleibt, behält Rabbi Jesus noch immer recht:

»Nirgends ist ein Prophet so verachtet wie in seiner Vaterstadt.« (Mk 6, 4)

Doch Nein! Im Dezember 1988 – auf die Woche genau 191 Jahre nach der Geburt des Dichters – kam es zur Wende:

Der Senat der Hochschule rang sich zur Benennung in »Heinrich-Heine-Universität« durch, zur tiefen Genugtuung der städtischen Behörden und zahlreicher Bürger und Studenten. Für den Nachruhm Heines ist der Beschluß ohne Bedeutung. Aber vielleicht wird der neue Name auf den Geist dieser Universität Einfluß ausüben.

Das wäre dann noch ein posthumer Triumph für Düsseldorfs größten Sohn.

Heine hatte keine Illusionen betreffs der prekären Lage des Judentums inmitten eines nur hauttief christianisierten Europas. Nach dem Hamburger Judenkrawall vom August 1819 schreibt er wehmütig:

»Ein Jude sagt zum anderen: Ich bin schwach. Dies Wort empfiehlt sich als Motto zu einer Weltgeschichte des Judentums.«

Heine gehörte zu jener ersten, dem Ghetto entronnenen Generation. Er war ein Neuankömmling, der stets um seine Anerkennung zu kämpfen und die Schikanen einer feindlich gesinnten Umwelt zu fürchten hatte.

Nur aus diesem existentiellen Zwielicht erklärt sich der aufgestaute Heißhunger in der Aneignung europäischer Kultur und das ungestüme Sich-Losreißen von der väterlichen Lebensweise, die damals viele junge Juden gekennzeichnet haben.

Der Jude hatte auf deutschem Boden allzu lange nur allzu Schweres ertragen müssen, um nicht Herz und Kopf zu verlieren, sobald auch für ihn endlich der Fanal der Freiheit aufzuleuchten begann.

Und so waren manche Juden damals im Völkerfrühling bereit, ihre Vergangenheit auf dem Altar der Zukunft darzubringen. Mehr noch: Das Wohl ihrer Kinder dem Glauben ihrer Väter vorzuziehen.

Während sich andere Minderheiten aus solchen Seelenqualen in eine Gemeinschaft flüchten konnten, war dem Juden jener Tage, der ein Deutscher werden wollte, dieser Ausweg versperrt. Er lebte in einem vogelfreien Niemandsland zwischen den Fronten. Wie jedes Genie, das seiner Zeit vorauseilt, stand Heine daher so gut wie allein.

Noch 1823 schreibt er an seinen Freund Moser, er hielte es für würdelos und entehrend, wenn er, um ein Amt in Preußen zu erhalten, sich taufen ließe.

»Im lieben Preußen«, so seufzt er auf: »Ich weiß wirklich nicht, wie ich mir in meiner schlechten Lage helfen soll. Ich werde noch aus Ärger katholisch; und hänge mich auf.«

So weit ging Heine zwar nicht, wohl aber wurde er anno 1825 formell ein Protestant, weil dies damals die Vorbedingung für die Bekleidung eines Staatsamtes in Deutschland war.

Mit der Rückgängigmachung des liberalen »Code Napoleon« war der große Emanzipationstraum im Nu ausgeträumt. Die Reaktion war im Vormarsch und hätte die Juden am liebsten ins Ghetto zurückgeschoben. Den Grund erläutert Heine mit lakonischer Weitsicht:

»Erst wenn die ganze Menschheit frei geworden ist, kann sie den Juden Freiheit gewähren. Denn wie sollte sie geben, was sie selbst nicht hat?«

Womit er »Gottes Minorität« zum Barometer der Freiheit und zum Pegel der Toleranz erklärt – was sie in der Tat auch bis heute geblieben ist.

Noch verhehlt er, daß ihn nicht Glaubensgründe, sondern Broterwerb und Kulturhunger gezwungen hatten, den Taufschein zu erwerben. Wenn er dabei beteuert, er hätte lieber silberne Löffel gestohlen, wenn das nicht verboten wäre, so spricht das gewiß nicht für ihn; noch weniger aber für einen Staat, der einem genialen Juden, wegen seines Judeseins, keine Chance zur Entfaltung bietet.

»Die Taufe geschah in aller Stille, in der Wohnung des Pfarrers.«

So nachzulesen in dem Kirchenbuch der evangelischen Gemeinde zu Sankt Martin in Heiligenstadt.

Bei der Zeremonie war nur noch eine einzige Person zugegen: Ein als Pate fungierender Theologe.

Offensichtlich sollte sich das Ganze möglichst unauffällig und schnell abspielen.

Wenige Monate später schrieb Heine in einem Brief:

»Ich versichere Dich, wenn die Gesetze das

Stehlen silberner Löffel erlaubt hätten, so würde ich mich nicht getauft haben.«

Der Taufzettel war, seiner berühmten Formulierung zufolge, nichts anderes als »das Entree Billet zur europäischen Kultur« – also auch zur Deutschen.

Da allerdings erwies sich dieses Dokument als wenig nützlich. Heine mußte eine Enttäuschung nach der anderen erleben, denn:

»Ich bin jetzt bey Christ und Jude verhaßt. Ich bereue sehr, daß ich mich getauft hab'. Ich seh' noch gar nicht ein, daß es mir seit dem besser gegangen sey, im Gegenteil, ich habe seitdem nichts als Unglück.«

Diesen sozialen Zwang zur Taufe geißelt er später als »modernen Scheiterhaufen« und kann gar nicht begreifen, daß ein Jude aus innerem Antrieb Christ werden wolle.

Halb zynisch, halb autobiographisch heißt es in seinem Gedicht »Einem Abtrünnigen«:

»Und Du bist zu Kreuz gekrochen
zu dem Kreuz, das Du verachtest.«

Auch nach seiner Taufe erging es ihm wie später Kurt Tucholsky, der anno 1935 im schwedischen Exil schrieb: »Ich bin im Jahre 1911 aus dem Judentum ausgetreten – und ich weiß jetzt, daß man das gar nicht kann.«

Beim alten, kranken Heine klingt das noch klarer: »Ich mach keinen Hehl aus meinem Judentum, zu dem ich nicht zurückgekehrt bin, da ich es niemals verlassen habe.«

Klingt das nicht wie eine trügerische Doppelzüngigkeit? Keineswegs!

Daß er sich zwar taufen ließ – wobei er immer wieder das Passivum dieser Handlung betonte – ohne jedoch zur Kirche überzutreten, bewies nicht nur seine militante Kirchenkritik, sondern insbesondere sein Jesusbild, das so gut wie nichts mit Christologie oder mit Trinität zu tun hat.

Heine wurde niemals Christ, sondern Jesuaner. Für ihn sollte der Rabbi von Nazareth zur Glaubensbrücke werden, um sein gebürtiges Judentum und sein »angetauftes« Christsein zur einenden Synthese zu verschmelzen.

Wie eine Mutter für ihr Kind nicht nur einen Namen hat, sondern mehrere; wie Liebende sich mit immer neuen Namen benennen, so ergeht es Heine, wenn er von Jesus schreibt.

Seine bunte Palette von Jesusbildern entspringt aber auch dem jüdischen Widerwillen gegen ein einziges festgeschriebenes, dogmatisch erstarrtes Bildnis, das nicht mehr entwicklungsfähig ist.

Indem Jesus für Heine bald zum großen Mystiker und Märtyrer, bald zum Befreier oder Erlöser wird, der an seiner grenzenlosen Selbsthingabe zugrunde geht, erfährt er ihn als den festen Seelenanker, für all seine Hoffnungen, Träume und Enttäuschungen und, nicht zuletzt, als die Versöhnung all jener Widersprüche, die ihn zeitlebens zerfleischt haben.

Als »Befreier der Völker» war Jesus der Mann, der für Heine Theologie und Politik zu einer Art von revolutionärer Theo-Politik verbinden konnte.

Indem er die Exegese seinen eigenen Spielregeln unterwarf, konnte er seinen Jesus sogar zum »Göttlichen Kommunisten« umfunktionieren, dessen Wort vom Kamel und dem Nadelöhr das Himmelreich zum Monopol der armen Schlucker gemacht hat.

»Einen braven Soldaten im Befreiungskrieg der Menschheit« hat sich Heine (1829) einmal genannt. Das war er wirklich. In all seinen Visionen von der besseren Gerechtigkeit, in all seinen abgrundtiefen Enttäuschungen fand er letztlich in Jesus auch den großen Glaubensgenossen und Leidensgefährten, dessen Passion er jenseits aller Polemik mit redlichem Galgenhumor betrauert.

Fast alles, was Heine hier über Jesus sagt, gilt auch für ihn selbst – nicht zuletzt die schleichende Resignation, der Weltschmerz – die Europamüdigkeit, wie er sie nannte – und die frustrierte Liebe, die sich in Aberwitz Luft zum machen sucht.

Als er im Morgenrot am Wegrand das Bild des Gekreuzigten erblickt, da stöhnt in ihm das ganze Elend seines wunden Judentums. Und so schreibt er:

»Mit Wehmut erfüllt mich jedesmal
dein Anblick, mein armer Vetter,
der du die Welt erlösen gewollt,
du Narr, du Menschheitsretter! …
Ach! hättest du nur einen anderen Text
zu deiner Bergpredigt genommen,
besaßest ja Geist und Talent genug,

und konntest schonen die Frommen! …
Geldwechsler, Bankiers hast du sogar
mit der Peitsche gejagt aus dem Tempel –
unglücklicher Schwärmer, jetzt hängst du am Kreuz
als warnendes Exempel!«

Heine war beschnitten und getauft – wie Jesus es war, dem er bis zum Lebensende Glauben geschenkt hat.

Nicht als »Gottessohn«, nicht als Welten-Heiland, wohl aber als Vorbild der Menschlichkeit, der Nächstenliebe und der selbstlosen Hingabe für die anderen.

Wenn nicht alles trügt, so scheint dieser erzirdische, urjüdische Jesus, den Heine so sehr liebte, dem ursprünglichen Nazarener viel näher zu stehen als so manche Lichtgestalt der weltentrückten Kirchenbilder. Wie dem auch sei, der jüdische Jesus half ihm in seiner unvollendeten Suche nach einer Antwort auf das ewige Rätsel der Theodizee.

Häufig mißverstanden und zu Unrecht verpönt wurde von Heine-Spezialisten jenes blasphemisch-klingende Gedicht, mit dem er anno

1853 seinen Lazarus-Zyklus einleitet. Er stellt die Gottesfrage in einer Kraßheit, die nur einer aufbringen kann, der lange mit Gott zu ringen hatte, und nun endlich gelernt hat, mit Fragen auszukommen, auf die es Hinieden keine Antworten gibt.

Wenn er dann dennoch aufmuckt, so ist das weder Lästerung noch A-Theismus, sondern gehört zur ältesten jüdischen Bibeltradition.

»Herr, ich muß mit Dir rechten!«

So sagt Jeremias zu Gott: »Warum geht's doch den Gottlosen so gut, und die Abtrünnigen haben die Fülle?« (Jer. 12, 1–2)

»Wie lange soll ich noch schreien – und Du willst nicht hören?«

So lautet der Vorwurf Habakuks an seinen Schöpfer: »Warum läßt Du mich Bosheit sehen, und Du siehst all dem Jammer zu?« (Hab 1, 1-2)

Seit diesem Prophetenprotest gehört es zum Urgestein des Judentums, mit Gott zu hadern, das Menschenrecht vom Himmel einzuklagen, und Einspruch zu erheben gegen die schmerzlichen Risse im Weltgebäude – bis hin zum Rand der Rebellion.

Nirgends ist Heine jüdischer, noch bibelfester; in keinem Aufschrei seiner tobenden Brust wird er dem streitbaren Namen »Israel« gerechter als in seiner empörten Frage über das Leiden der Menschheit.

Die Sprache ist bitter und aggressiv. Der Ton, wie immer, spöttisch und gequält zugleich. Jesus, als leidender Gottesknecht verkörpert hier das Elend alles Menschentums.

Aber gerade hier, vor dem Abgrund der Trostlosigkeit, wird die Klage nicht zur Anklage. Am Ende bleibt nur noch das »Wir« aller Gotteskinder – und Gott bleibt, allem Elend zum Trotz, »unser Herr«.

Um hier hinter all der gereizten Verzweiflung die leise Stimme eines keimenden Glaubens herauszuhören, bedarf es jüdischer Hellhörigkeit. Dieser kahle Hiobstext an sich will doppelbödig gelesen und verstanden werden:

»Laß die heil'gen Parabolen,
laß die frommen Hypothesen –
Suche die verdammten Fragen,
Ohne Umschweif uns zu lösen!

Warum schleppt sich blutend, elend
unter Kreuzlast der Gerechte,
während glücklich als ein Sieger
trabt auf hohem Roß der Schlechte?

Woran liegt die Schuld? Ist etwa
unser Herr nicht ganz allmächtig?
Oder treibt Er selbst den Unfug?
Ach, das wäre niederträchtig!

Also fragen wir beständig
bis man uns mit einer Handvoll
Erde endlich stopft die Mäuler –
Aber ist das eine Antwort?«

Eine Antwort hat Heine zu guter Letzt dennoch gefunden – gegen Ende seiner turbulenten »Lebensfahrt«.

In seinen Herbstjahren, konnte er mit Stolz, ja mit Trotz behaupten: »Ich habe den Weg zum Lieben Gott weder durch die Kirche noch durch die Synagoge genommen. Es hat mich kein Priester; es hat mich kein Rabbiner vorgestellt. Ich habe micht selbst bei IHM eingeführt – und Er hat mich gut aufgenommen.«

Dieses Geständnis Heines ist gut antiklerikal

gemeint, aber entspricht dem Tatbestand nicht ganz. Auf seinem langen Umweg zu Gott hatte er nämlich auf der letzten Durststrecke zwei bewährte Wegweiser: Das Leid – und die Bibel, die er gerne »die Memoiren Gottes« nannte. Kurz nach den Unruhen des Jahres 1848 erkrankt er so schwer, daß er die Pariser Wohnung nicht mehr verlassen kann, bis er, gelähmt, acht Jahre bis zu seinem Tode (1856) an »die Matratzengruft« gefesselt bleibt.

In diese Zeit fällt seine »Bekehrung« wie er sie selber nennt, über die man schon damals viel gerätselt hat. Was ihn zur Umkehr bewegt hat, zur Abkehr von fremden Göttern, zur Rückkehr zum Glauben der Väter und zur Heimkehr zu sich selbst, beschreibt er mit bestechender Schlichtheit:

»Ich verdanke meine Erleuchtung ganz einfach der Lektüre eines Buches – Eines Buches? Ja, und es ist ein altes, schlichtes Buch, bescheiden wie die Natur, auch natürlich wie diese; ein Buch das werkeltätig und anspruchslos aussieht wie die Sonne, die uns wärmt, wie das Brot das uns nährt … und dieses Buch heißt auch ganz kurzweg das Buch, die Bibel. Mit

Fug nennt man diese auch die Heilige Schrift; wer seinen Gott verloren hat, der kann Ihn in diesem Buche wieder finden, und wer Ihn nie gekannt, dem weht hier entgegen der Odem des Göttlichen Wortes.«

Was den Bettlägerigen bewegt, ist ein gründliches Nachdenken über die Natur des Menschen schlechthin:

»Im Wonnemonat des vorigen Jahres mußte ich mich zu Bett legen und ich bin seitdem nicht mehr aufgestanden. Unterdessen, ich will es freimütig gestehen, ist eine große Umwandlung in mir vorgegangen. Ich bin kein Göttlicher Zweifüßler mehr; ich bin nicht mehr ›der freieste Deutsche nach Goethe‹, wie mich Ruge in gesünderen Tagen genannt hat ... ich bin jetzt nur ein abgezehrtes Bild des Jammers, ein armer, totkranker Jude.«

Dieser arme todkranke Jude, der sich nun in der Barmherzigkeit Gottes geborgen weiß, widerruft ganz »unumwunden« all seine Lästerungen als »Jugendeseleien« – ja, daß alles, was er einst zur »großen Gottesfrage« zu sagen hatte, »ebenso falsch wie unbesonnen« war.

Mit zitternder Hand schreibt er: »Zum größten Ärgernis meiner aufgeklärten Freunde, die mir Vorwürfe machen über dieses Zurückfallen in den alten Aberglauben, wie sie meine Heimkehr zu Gott zu benennen belieben … habe ich mit dem Schöpfer Frieden gemacht … Ja, ich bin zurückgekehrt zu Gott!« So jubelt er.

Das himmlische Heimweh überfiel ihn, und trieb ihn – wie er betont – weder zur Schwelle irgendeiner Kirche, oder gar in ihren Schoß, sondern in die Arme Des Einen Gottes.

Der ausgebliebene Segen, dem er zeitlebens nachgejagt hatte, wurde ihm in seiner Pariser Passionszeit doch noch geschenkt.

Zu Ende seines streitbaren Lebens steht Heine zwischen beiden Konfessionen: er verbirgt sein Judentum keineswegs, aber macht auch seinen Übertritt zum Christentum nicht rückgängig. Über alle Zweifel, Zwiespälte und Anfechtungen hinweg, in denen er sich selbst so oft zur Last geworden war, hat er im Leiden jenen Glaubensfrieden gefunden, in dem all seine Gegensätze letzten Endes ihren Zusammenklang finden konnten.

Als Jude geboren, evangelisch getauft und katholisch getraut, blieb Heine zeitlebens ein unsteter Grenzgänger zwischen den Welten: Ein deutscher Patriot ohne Heimat; ein Weltenbürger im Exil; ein Rheinländer an der Seine; sensitiv und aggressiv zugleich, war er eine Zerreißprobe von Widerborstigkeiten, voll kreativer Unruhe, dem wir vielleicht die profundesten Bekenntnisse eines gläubigen Ketzers zu verdanken haben. Dem inneren Frieden, der über alle Vernunft und Ironie erhaben ist, hat er in der Form seiner eigenen Grabschrift ein unsterbliches Denkmal gesetzt.

Wie eine Parabel auf sein ganzes Leben beginnt sie mit einem Bündel von Fragen und klingt mit der Antwort des Glaubens aus:

»Wo wird einst des Wandermüden
letzte Ruhestätte sein?
Unter Palmen in dem Süden?
Unter Linden an dem Rhein?
Werd' ich wo in einer Wüste
eingescharrt von fremder Hand?
Oder ruh' ich an der Küste
eines Meeres in dem Sand?

Immerhin! Mich wird umgeben
Gotteshimmel, dort wie hier,
und als Totenlampen schweben
nachts die Sterne über mir.«

Am Grabmal in Paris gibt es keinen Hinweis, welcher Religion er angehört habe. Rechtens! Denn er hat ja heimgefunden zu Gott, der über allen Religionen thront.

DER AUTOR

Pinchas Lapide, Universitätsprofessor, jüdischer Religionsphilosoph und Theologe, wurde 1922 in Wien geboren und erlitt das Schicksal seiner Generation: Die Vertreibung aus seiner Heimatstadt und die Flucht über die halbe Welt. Gerade deshalb setzt er sich für die Aussöhnung von Juden und Christen, für den Abbau von Feindbildern, Vorurteilen und noch immer gängigen christlichen Fehlübersetzungen der Bibel ein. Diesen Themen hat er bisher 35 Bücher gewidmet. Er studierte bei Martin Buber und David Flusser an der Hebräischen Universität, Jerusalem, Wissenschaft des Judentums, das Neue Testament und die Geistesgeschichte der Frühkirche. Weitere Studien in Politologie, Linguistik in Köln. Er hat an zahlreichen Universitäten Gastprofessuren innegehabt, u.a. in Tübingen, Göttingen und Bern. Freischaffender Schriftsteller in Frankfurt/M.

AUSWAHLBIOGRAPHIE

Er predigte in ihren Synagogen, Gütersloh
Er wandelte nicht auf dem Meer, Gütersloh
Am Scheitern Hoffen lernen, Gütersloh
Ist die Bibel richtig übersetzt?, Gütersloh
Glauben, Wissen oder Zweifeln?, Gütersloh
Wer war schuld an Jesu Tod?, Gütersloh
Jesus – ein gekreuzigter Pharisäer?, Gütersloh

Jesus, das Geld und der Weltfrieden, Gütersloh
Warum kommt er nicht?, Gütersloh
Paulus – Ketzer, Heiliger oder RABBI?, Gütersloh
Wie liebt man seine Feinde?, Mainz
Die Bergpredigt – Utopie oder Programm?, Mainz
War Eva an allem schuld?, Mainz
Können wir die Fremden lieben?, Mainz
Mit einem Juden die Bibel lesen, München/Stuttgart
Auferstehung – ein jüdisches Glaubenserlebnis, München/Stuttgart
Wurde Gott Jude?, München/Stuttgart
Ist das nicht Josephs Sohn?, München/Stuttgart
Rom und die Juden (Hat Pius XII. versagt?), Freiburg

Dialog-Bücher (Auswahl)

Jesus im Widerstreit – ein Dialog mit Hans Küng, München
Die Seligpreisungen – ein Glaubensgespräch mit Carl Friedrich von Weizsäcker, München/Stuttgart
Israel und Kirche – ein gemeinsamer Weg? – ein Gespräch mit Jürgen Moltmann, München
Heil von den Juden? – ein Dialog mit Karl Rahner, Mainz
Religion von Gestern in der Welt von Heute. Hinleitung zu einer Koalition der Religionen – Gespräch mit Jörg Zink, Berlin
Was Juden und Christen voneinander denken – ein Trialog mit Prälat Prof. Franz Mussner (kath.) und Bischof Ulrich Wilckens (ev.), Freiburg

Wir versichern Schwarz . . . und Weiß

Die Staaten des Donaubeckens sind zweifellos auf eine gemeinsame Wirtschaft angewiesen, ob sie wollen oder nicht. Die Entwicklung geht deutlich darauf hin, und in der einen oder anderen Form wird ein ökonomisches Zusammenwirken stattfinden müssen.

JOSEPH ALOIS SCHUMPETER,
Wien 1919

Diese Zeilen widmet Ihnen die
Zentralsparkasse und Kommerzialbank AG · Wien

WIENER VORLESUNGEN

Maurice Godelier

WIRD DER WESTEN DAS UNIVERSELLE MODELL DER MENSCHHEIT?

Die vorindustrielle Gesellschaft zwischen Veränderung und Auflösung

Maurice Godelier besucht seit dem Jahr 1967 regelmäßig die Baruya, einen Stamm in Papua-Neuguinea, und betreibt in ihrem Gebiet Feldforschung. Das interessante und über die traditionelle Ethnologie Hinausweisende an den Forschungen Godeliers besteht darin, daß er nicht nur die materiellen Verhältnisse, sondern auch die Denkmuster, die Vorstellungen, als Gründe für gesellschaftliche Hierarchie und Ordnungssysteme beschreibt. Godelier geht der Frage nach, inwieweit außereuropäische – vielfach vorindustrielle – Kulturformen in einer Gegenwart, die unter einem immer stärkeren Nivellierungsdruck – nach dem westlichen Vorbild – steht, eine Chance haben, zu überleben und sich zu behaupten.

Wiener Vorlesungen, Band 5
64 Seiten, 12 × 18 cm,
vierfarbiger Hartband
ISBN 3-85452-304-1

PICUS VERLAG

W I E N E R   V O R L E S U N G E N

Götz Hagmüller

WENN DAS LICHT AUSGEHT IN KATHMANDU
– GRENZGÄNGE ZWISCHEN
EUROPA UND ASIEN

Götz Hagmüller ist seit mehr als zehn Jahren in Bhaktapur – einer der alten Königsstädte in der Nähe von Kathmandu – im Rahmen von Entwicklungsprojekten tätig. In Bhaktapur ist es gelungen, die kulturell wertvolle Bausubstanz weitgehend zu erhalten; in Nepal fließen noch die Grenzen zwischen dem Alltäglichen und dem Kultischen ineinander, wodurch allen Handlungen eine tiefere Bedeutung zukommt und es das Triviale im westlichen Sinn nicht gibt. Während die westliche Welt durch Beschleunigung, Verknappung der Zeit, Polarisierung von Privatheit und Öffentlichkeit gekennzeichnet ist, macht eine Reise nach Nepal deutlich, was im Westen an Muße und Heimat verloren und an Individualität und Selbstverwirklichung gewonnen wurde.

Wiener Vorlesungen, Band 6
ca. 64 Seiten, 12 x 18 cm,
vierfarbiger Hartband
ISBN 3-85452-304-1

WIENER VORLESUNGEN

Hilmar Hoffmann

DIE AKTUALITÄT VON KULTUR – PROBLEME MIT DEM KULTURBOOM

Hilmar Hoffmann, viele Jahre Dezernent für Kultur und Freizeit in Frankfurt, hat Kulturpolitik und Kulturarbeit in der BRD ebenso nachhaltig beeinflußt wie die theoretische Diskussion über den Kulturbegriff, über Aufgaben und Bedeutung emanzipatorischer Kulturarbeit. Seine Bücher »Kultur für alle« und »Kultur für morgen« gehören zum grundlegenden Gedankengut avantgardistischer Kulturarbeit. Hoffmann hat sich immer dafür eingesetzt, daß der Kulturbegriff aus seinen elitären Verankerungen gelöst wird.
In seinem vorliegenden Text setzt sich Hoffmann mit der gegenwärtigen Aktualität von Kultur – als Produktivität und Wirtschaftsfaktor ebenso wie als immer mehr Menschen zugängliches kreatives Potential – auseinander. Er sieht die Kultur als Basis jener ethischen Grundlagen, auf denen sich die Utopie einer humanen Zukunft entwerfen ließe.

Wiener Vorlesungen, Band 3
54 Seiten, 12 × 18 cm,
vierfarbiger Hartband
ISBN 3-85452-302-5

WIENER VORLESUNGEN

Band 1: Wolfgang Leonhard, Sowjetreformen: Ergebnisse, Probleme, Perspektiven

Band 2: Rudolf zur Lippe, Oidipus und die verweigerte Seelenfahrt. Der Mythos vom Ende des mythischen Zeitalters

Band 3: Hilmar Hoffmann, Die Aktualität von Kultur – Probleme mit dem Kulturboom

Band 4: Horst Seidler, Wissen und Ignoranz – Das Dilemma der Evolution zum Homo sapiens

Band 5: Maurice Godelier, Wird der Westen das universelle Modell der Menschheit? Die vorindustrielle Gesellschaft zwischen Veränderung und Auflösung

Band 6: Götz Hagmüller, Wenn das Licht ausgeht in Kathmandu – Grenzgänge zwischen Europa und Asien

Band 7: Irenäus Eibl-Eibesfeldt, Fallgruben der Evolution – Der Mensch zwischen Natur und Kultur

Band 8: Werner Hecht, der Abstieg in den Wohlstand – Harakiri der DDR?

Band 9: Hermann Glaser, Die Kulturstadt und die Zukunft der Industriegesellschaft

Band 10: Edward Shorter, Das Arzt-Patient-Verhältnis in der Geschichte und heute

Band 11: Andreas Rett, Die Geschichte des Kindes als Geschichte der Menschheit

Band 12: Pinchas Lapide, Martin Buber und Heinrich Heine – Zwei Gott-Sucher des Judentums

Die Reihe wird fortgesetzt

PICUS VERLAG